中央广播电视总台 中国国际电视总公司 主编

真果果 编著

从长安到罗马

——文明密码

CHANG'AN

MEETS

ROME

海豚出版社
DOLPHIN BOOKS

CIPG 中国国际出版集团

这一次，我要在5分钟完成一个主题，而且是非常宏大的主题，比如，古中国和古罗马历法的对比，古中国和古罗马人格追求的差异，等等。我相信，这几乎是学者穷尽一生也研究不透的主题，更何况就这5分钟的时间。我还要行走，还要体验，还要和意大利的专家交流，而且往往是用英语磕磕绊绊地交流。不止一次，我几乎和导演争吵起来，告诉他我不同意他的拍摄方法，我们不能把问题这么简单化。但是，等到节目剪辑完成，我倒也释然了。我也罢，我们这个拍摄组也罢，其实是做一个引子，我们真正的功能不是研究，而是引导；不是解释，而是发现。所以，我相信大家已经看出来了，在每一集的每一个主题中，我们都首先行走，在行走中好奇，在好奇后思考，在思考后询问，在询问后，试着给一个初步的回答。我们肯定没把每道题都答对，至少没答完整。那么，读者朋友们，为什么您不去试试接着我们的话题，做出自己的回答呢？我想，这就是这部"微纪录片"的意义，也是它不启用俊男靓女，而是让我们这些不怎么上镜的学者带大家旅行的意义。

我们是一群鲜活的人，来到了两座充满活力的城市。无论是西安还是罗马，都展现出让我们啧啧称奇的魅力。我在古罗马的城市广场晒伤了眼睛，药店的老板想尽办法给我介绍不同眼药水的功能；我在西安的大明宫遗址外放了风筝，而那风筝的主人——一位厚道的西安老大爷，对我的笨拙真是"哀其不幸，怒其不争"……那城，那人，那困惑，那感动，那么多真情实感，不就应该用我们真实的声音来表达吗！

几千年前，一群拉着骆驼的人蹒跚着，走出了一条从长安通向罗马的道路，这条路若隐若现，却又始终不绝如缕。今天，这条道路已经成为中西文明交流的康庄大道。我们想和读者朋友一起走在这大路上，不是"劝君更尽一杯酒，西出阳关无故人"，而是"相知无远近，万里尚为邻"。

中央民族大学历史文化学院教授、硕士生导师 蒙曼

目　录

从长安到罗马
CHANG'AN MEETS ROME
——文明密码

唐朝时期，长安是世界的中心，经历了2000多年的风雨洗礼，它的许多历史建筑只剩下了遗址。永恒之城罗马，2000多年前曾是西方世界最荣耀的城市，历史留下的痕迹如今也只是断壁残垣。尽管如此，说起长安，说起罗马，它们曾经的辉煌依旧清晰闪现在我们的脑海中。于是，我们会问，我们记住了什么。你会说，我们记住了它们的文明。那这些文明现在还看得见吗？它们是以什么样的密码隐藏在我们的城市和生活之中的呢？

永恒之城
——在遗留的文明宝库中发现永恒

魏征像

唐朝的大明宫建在长安城的北边，大明宫里的含元殿则是唐王朝的权力中心。据史料记载，曾经有17位皇帝在这里办公。那时，文武百官、各国使节都是从大明宫前面的丹凤门进入。"九天阊阖开宫殿，万国衣冠拜冕旒"，这就是大唐盛世。1000多年过去了，千宫万殿早都化作了尘土，只剩下一片巨大的夯土地基，所有的辉煌也终归于了泥土。你会问："永恒之城"长安的永恒，藏在哪里呢？

大明宫的来历

大明宫原名叫永安宫。工匠们在挖地基的时候，挖出了一面巨大的古铜宝镜——秦镜，据说能照出臣下的忠奸，照出国运之兴衰。魏征向太宗贺喜，太宗听后说，魏征就是他的一面明镜！以后也就有了"明镜高悬"的说法。有宝镜镇守，自是一派正大光明，所以称为大明宫。

为了追求永恒，罗马人用石头建造了罗马城，他们还将罗马城称为"永恒之城"，并把罗马和永恒女神联系起来，希望神能帮助他们，让罗马帝国千秋万代一直辉煌下去。遗憾的是，石头和女神并没有能够保佑古罗马，连年的战争最终还是摧毁了这座古城，罗马帝国也在其中灭亡了。虽然如此，我们还是把罗马称为"永恒之城"，那这永恒到底藏在哪里呢？

你知道吗？

聪明的古罗马人发明了现代化建筑的最基本材料——混凝土。他们在石灰和沙子的混合物里掺进碎石子制造出混凝土。

虽然在地球的东方，中国的皇帝同样渴望万万岁，但是，他们却没有选择用石头建造宫殿，而是用石头刻下了无形的思想，让石头上的文字转化成中国人世代相承的传统。

肉体化作了泥土，宫殿也灰飞烟灭，但永恒却被无形的文化基因传承了下来：在一脉相承的儒家思想里，在独领风骚的唐诗宋词里，也在你习以为常的衣食住行里。

古老长安城的建筑大多没有了，大明宫也只剩下地基遗址，但它的风水和易经思想，中轴线概念，对称的布局，规整的城墙、道路和民居，却开创了后世城市和宫殿的布局方式，一直被借鉴着。

著名的古罗马广场，就像一个巨大的露天博物馆，裸露着古罗马辉煌的历史。两千多年前，这里曾经是西方世界最荣耀的地方，而如今，那些宏伟的皇宫、庄严的神殿都已不在，只剩下这些断壁残垣。罗马市政府刻意保留了这些残垣断壁，为全人类留下了珍贵的文化遗产。人们可以从中一窥古罗马昔日的繁荣和那时人们的文化生活。

古罗马广场是古罗马时代的城市中心，屹立在此地的建筑物还有提图斯凯旋门、奥古斯都凯旋门、塞维鲁凯旋门、恺撒神庙、灶神庙，以及维纳斯和罗马神庙。它是古罗马政治、宗教、商业、娱乐等建筑的聚集地，也被称为"古罗马废墟"。

城市广场

古罗马建造的城市中心广场开始时用作市场和公众集会场所，后来也用于发布公告、进行审判、欢度节庆等的场所，通常集中了大量宗教性和纪念性的建筑物。

馄饨可是从大唐穿越而来的美味。唐朝的馄饨是一种非常普通的早点，那时的长安城甚至还有一个胡同的名字叫馄饨曲。

清晨，坐在街头的早点桌前，拿着汤勺，边吸溜冒着热气的馄饨，边遥想一下千年前的长安城的某一个清晨，真的有人和我一样在吃一碗冒着热气的馄饨。

风筝，也来自唐朝。那时放风筝是风靡一时的活动，上到妃子，下到平民百姓，每到风和日丽的时候，人手一个风筝。

春天，繁花绿草环绕的广场上，一个个风筝飞在天空中，这天空是今天的天空，还是千年前唐朝的天空？那一根根风筝线下的孩子，是今天的孩子，还是唐朝的孩子呢？

徐渭 若耶溪畔人家

永恒的罗马，并不因为它的残缺而消失，文明自有它顽强的生命力。古罗马文明中的文化基因至今仍然影响着整个西方世界的建筑、法律、文学，乃至人们生活的方方面面。

古罗马文明

西方文明的另一个重要源头，起源于意大利中部台伯河入海处。古罗马在建立和统治国家过程中，吸收和借鉴了先前发展的各古代文明的成就，并在此基础上创建了自己的文明。古罗马文明对西方乃至世界文明发展进程中最重要的贡献有两方面：前半期的罗马律法和后半期的基督教。在西方文明发展史上，古罗马文明起着承前启后的作用。

古罗马通常指从公元前9世纪初在意大利半岛中部兴起的文明，历经罗马王政时代、罗马共和国，于公元前1世纪前后扩张成为横跨欧洲、亚洲、非洲的庞大罗马帝国。

"横撇竖捺"与"ABCD"

——汉字和拉丁文的故事

汉字作为世界上最古老的文字之一,已有6000多年的历史。更为宝贵的是,汉字是迄今为止持续使用时间最长的文字,它没有间断的沿革,传承了浩瀚伟大的中华文明。

来到西安碑林,就会发现我们进入了汉字的"数据库"。在这里,一块块静立的石碑,似乎在述说着甲骨文、金文、大篆、小篆,乃至隶书、草书、楷书、行书等汉字字体字形演变的故事。

西安碑林的源头可追溯至唐代立于帝都长安务本坊国子监内的《石台孝经》《开成石经》,经过历朝历代的发展,西安碑林不仅成为中国古代文化典籍刻石的集中地,也成为历代著名书法艺术珍品的荟萃之地,有着巨大的历史和艺术价值。

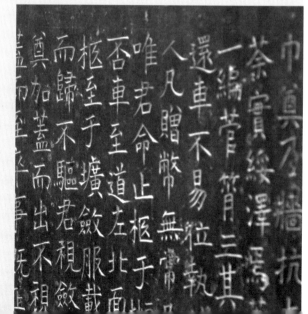

拉丁文是古罗马通用的官方文字，随着古罗马帝国的强盛，它曾经成为古罗马帝国统治全欧洲的官方语言。说起拉丁文，人们或许会感到陌生，但提到字母ABCDE，你就会恍然大悟——我们现在熟悉的26个英文字母，其实就是拉丁字母。

最早，拉丁语只是意大利中部拉提姆地区（Latium，意大利语为Lazio）的方言，后来随着发源于此地的古罗马帝国势力的扩张，拉丁语广泛流传于帝国境内。拉丁语有两种，古罗马帝国的奥古斯都皇帝时期使用的文言文被称为"古典拉丁语"，公元2—6世纪民众所使用的白话文被称为"通俗拉丁语"。

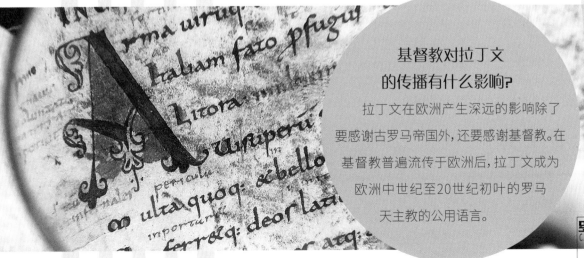

基督教对拉丁文的传播有什么影响?

拉丁文在欧洲产生深远的影响除了要感谢古罗马帝国外，还要感谢基督教。在基督教普遍流传于欧洲后，拉丁文成为欧洲中世纪至20世纪初叶的罗马天主教的公用语言。

为什么汉字会经历6000多年的历史而不间断？我们要感谢一个人，他就是秦始皇。"车同轨，书同文，行同伦"的规定，将秦朝以前并不统一的汉字统一为"秦篆"，也称为"小篆"。自此，小篆成为官方规范的文字，同时废除了其他异体字。汉字发展到小篆阶段，逐渐开始定型，象形意味削弱，文字更加符号化，减少了书写和认读方面的混淆和困难，统一了文字的书写形式。

因为小篆字形复杂，人们为了书写方便，对小篆加以简化，把小篆匀圆的线条变成平直方正的笔画，形成了隶书。这两种形体的文字均在全国推广，小篆作为秦国标准文字，隶书作为日用文字。皇帝诏书和政府正式文件一般用小篆书写，非官方文件用隶书抄写。

李斯 峄山刻石

秦始皇统一文字

秦统一六国前，诸侯国各自为政，文字的形体极其紊乱，这给政令的推行和文化交流造成了严重障碍。因此，在统一六国后，秦始皇即把统一文字作为当务之急，命令丞相李斯等人统一了文字。

秦始皇

拉丁文的命运并没有汉字那样幸运。古罗马帝国灭亡后，拉丁文就失去了生存的土壤，不再是全欧洲通用的官方语言。但幸运的是，它的每个字母都顽强地生存了下来。很多人习惯将ABCD—XYZ称为"英语字母"，事实上应该称为"拉丁字母"，因为英语的26个字母其实源于拉丁语的拉丁字母。

拉丁文的传承是一个分化衍生的过程，它不仅孕育出意大利文，还孕育出了英文、法文、西班牙文等，在这些现代通用的语言中都有应用。例如，我们可以在英文中找到拉丁文的踪迹，特别是很多科学名词，它们都是用拉丁文表述的。

▶ Lapide
Tombstone

拉丁文是世界上最难学习的文字吗？

拉丁文非常复杂，初学者需要熟记相当多的规则，才能熟练运用。德国诗人海涅曾因不能熟记规则，感叹"要是罗马人得先学好拉丁文，他们大概没剩多少时间征服世界"。

聪明的中国人发明了汉字不同的书写方式，创造了世界上独一无二的书法艺术。书法是指用毛笔书写汉字的方法和规律，包括执笔、运笔、点画、结构、布局等内容。之所以将书法称为艺术，是因为书法可以按照汉字的特点及含义，以其书体笔法、结构和章法写字，使其成为富有美感的文字作品。

追溯历史我们会发现，秦朝到汉朝这个阶段，各种书法体相继出现。其中篆书、隶书、草书、行书、楷书五种字体在数百种杂体的筛选淘汰中定型，书法艺术开始有序发展。魏晋时期，书法艺术发展达到高峰，诞生了书法史上最具影响力的书法家王羲之，他被后人尊称为"书圣"，著名的《兰亭序》书帖一直流传至今。

王羲之吃墨汁的趣事

王羲之小的时候，练字十分刻苦。有一次边吃饭边练字，由于非常专注，错把墨汁当成蒜泥蘸了馍馍吃，结果弄得满嘴乌黑。

拉丁文与汉字不同，由略显单调的字母组成，因此也就缺乏像汉字书法一样的艺术美感。这或许跟罗马人讲求实际的民族性格有关。比起文字创作的多样和灵活，罗马人更关心政府和帝国的发展与扩张，对推测和诗意的想象不感兴趣。

但是，即便如此，在众多古典时期大师们的笔下，拉丁文依然是堪与世界上任何内涵丰富的语言相媲美的文学、诗歌语言。可以说，拉丁文是影响欧美学术与宗教最深的语言之一，通晓拉丁文曾经是研究任何人文学科教育的前提条件。

拉丁语已经消亡了吗?

拉丁语是一种作为日常口语已经消亡的西方古典语言，今天一般只作为文献语言供研究使用。如今所谓的拉丁语发音实际是指拉丁文读音，即现代人根据拉丁文书面材料诵读时的发音。

君子与英雄

——东西方人迥异的性格

漫步在西安的明城墙下，或是徜徉在罗马街头，我们会发现，生活在两个建筑风格迥异城市中的人们，也同样拥有着迥异的性格。中国人自古以来便以谦恭、内敛自居，在西方人眼里，中国人是儒雅的代表。

提到儒雅，我们不禁会想到中国的至圣先师孔子。在公元前6—公元前5世纪，中国的第一位大教育家孔子，行走在齐鲁大地上，传播着儒家思想，注重培养做人的品格与道德。孔子一生中，有弟子3000多人，其中贤人七十二位。他带着自己的弟子周游列国十四年，走遍我们如今熟悉的山东、河南、安徽等省份，将影响了中国两千多年的儒家思想播撒在中华大地上。这些思想生根发芽，孕育了中国人美好的品格。

孔子学琴，不得精髓不罢休

孔子在学习方面不仅虚心，而且特别能吃苦。一次，孔子随师襄学鼓琴曲目《文王操》，师襄前后三次对孔子说："你已经学会了，不需要再练了。"可孔子并不因师襄的夸赞而停止，却更加努力练习，最终掌握了鼓琴的精髓。

如果你走在罗马的街头，会发现那里的人们性格奔放，热爱自由，这或许与西方人崇拜威武的英雄有关。早在古罗马时代，每一座城市，每一处广场，都会搭建一座高台，站在高台上可以俯瞰整座广场，甚至是城市全景。

这种高台就是古罗马大名鼎鼎的演讲台，当年那些叱咤风云的英雄人物，就是在这里发表慷慨激昂的演讲。其中较为著名的人物是马库斯·西塞罗，他在公元前63年成为古罗马共和国的执政官，被认为是古罗马最好的演说家之一。其富有智慧、雄伟、善于雄辩的演讲风格，对古罗马的人文、政治、经济、文学均产生了深远的影响。

优秀的"三好学生"西塞罗

西塞罗从小便有超凡的智力和天赋，但他从不骄傲，却比一般的学生更努力。他尤其擅长演讲和诗歌的研究，因此成为当时学校里最好的学生，以至于其他同学的家长都纷纷去学校拜访这位天才少年。

东西方人迥异的性格，绝不仅仅是因为某位伟大的历史人物而形成的。事实上，文化才是影响民族性格的根本原因。我们追溯到春秋战国时代，会发现一部重要的儒家经典《论语》，这本书谈到"君子"一词，共107次。

孔子说"君子和而不同"，意思是说："君子在与人交往中能保持和谐友善的态度，但又不失自己做人的原则和理想。"这可以说是对"君子"一词最好的解释。君子就是要以仁爱孝悌之心为本，恪守仁、义、礼、智、信的人生准则，最终实现修身、齐家、治国、平天下的人生理想。

张载遇到一位好老师——范仲淹

张载是北宋时代的儒家代表人物，他年轻时立志从军，去拜访了北宋名臣范仲淹。范仲淹觉得张载这样有大志向的人，从军打仗实在可惜，因此鼓励他继续精研儒学，以文化报效国家和人民。最终，张载成为伟大的思想家、教育家和儒家理学的创始人之一，留下千古名言："为天地立心，为生民立命，为往圣继绝学，为万世开太平。"

张载像

西塞罗　　恺撒　　屋大维

"英雄"一词在拉丁文的词义中是"保护者"的意思，也就是说，古罗马人心中的英雄必须拥有超凡的能力和领袖气质，是智慧和能力的化身。

那么，古罗马的英雄是如何将这种能力展现给普通民众的呢？那就是通过被古罗马人称为"雄辩术"的演讲。

古罗马领袖往往可以通过一场逻辑清晰的演讲，将自己的思想和政见表达给每一位听众，使古罗马民众普遍受到"英雄"思想的熏陶，并逐渐养成了古罗马人奔放、勇敢的性格。正因为"雄辩术"如此重要，古罗马人早早地将它纳入到教育体系中，成为人人都需要学习的一种基础能力。

英雄恺撒被海盗劫持

古罗马执政官恺撒有一次在旅途中不幸被奇里乞亚海盗劫持，后者要求以20塔兰特（古罗马金币）作为赎金。恺撒并没有因为自己的性命受到威胁而害怕，却嘲笑这些强盗要的赎金太少，要求增加到50塔兰特。最终恺撒以其特有的英雄气魄，使海盗们折服，化险为夷，成功得救。

恺撒大帝

很多人认为古代的"君子"就是文弱书生，擅长琴棋书画，不通骑射武功。其实不然，古代君子一直把习武、射艺等当作一门必修课。孔子尤其擅长射艺，《礼记》中曾记载："孔子射于矍相之圃，盖观者如堵墙。"意思是说："孔子在矍相这个地方的一个园子里射箭，围观的人犹如一堵墙。"

孔子不仅擅长射箭，更是将射艺与君子修养联系在一起。孔子曰："射者何以射？何以听？循声而发，发而不失正鹄者，其唯贤者乎！若夫不肖之人，则彼将安能以中？"意思是说，射箭之人循着乐声射箭，能不偏不倚正中靶心的，就是贤能之人。儒家的君子教育强调礼、乐、射、御、书、数，其中射（射箭）和御（驾车）就是强健体魄的必修课。

古罗马的"英雄"并不只是善于雄辩的演讲家，他们除了强调英雄要拥有智慧，还需要具备强健的体魄。在古罗马的教育中，人们非常重视格斗训练，通过激烈的对抗训练胆量、勇气和体能。古罗马人信奉能力越大，责任越大，要扛起保卫国家和民族的重任。

正是在这种文化的熏陶下，才诞生了罗马斗兽场那样历经两千多年而不衰的建筑。斗兽场始建于古罗马弗拉维王朝，它是欧洲、也是全世界保存至今的最古老、最宏伟的斗兽场、竞技场。在这里，曾经上演过一幕幕人与野兽之间的搏斗，人与人之间的格斗。但残酷的是，只有胜利一方才能存活下来。

宏伟的罗马斗兽场

斗兽场平面呈椭圆形，场中间的角斗台足足有一个足球场那么大，外围墙高57米，相当于现代19层楼房的高度。斗兽场分三个区，底层的第一区是皇帝和贵族的席位，第二层为罗马高阶层市民席，第三层则为一般平民席。

我要飞得更高

——代表民族精神的图腾

龙是中国民族精神的象征，它能腾云驾雾、飞翔在天空，它能穿江过海、遨游在水里，它能疾行奔走、穿梭在陆地。龙在中国人的心中，有着至高无上的地位。在封建时代它是皇权的象征，皇宫中使用的器物多以龙为装饰，上面雕刻着鹿角、蛇身、鱼鳞、鹰爪，寓意能显能隐、能细能巨、能短能长，拥有变化莫测的本领。

在中国古代，龙有着特别的文化含义，这从龙的各部位寓意可以看出来：突起的前额表示聪明智慧；鹿角表示社稷和长寿；牛耳寓意名列魁首；虎眼表现威严；鹰爪表现勇猛；剑眉象征英武；狮鼻象征宝贵；金鱼尾象征灵活；马齿象征勤劳和善良，等等。

"二月二，龙抬头"指的是什么？

传说小白龙曾因行雨救民而得罪玉帝，民间为怀念小白龙的恩德，将二月二定为春龙节，焚香祷告，祈求来年风调雨顺，五谷丰登。传统的春节，也于此日正式结束。

不仅中国的龙会飞，古罗马的图腾也会飞，那是一只象征胜利的雄鹰。在古罗马时期，鹰被认为是"朱庇特之鸟"，象征着权力和胜利。因此，古罗马统治阶级开始使用鹰徽，罗马军团的军旗也以雄鹰作为显著标志。

当我们漫步在罗马著名的共和国广场，仰起头就会看见环绕在广场周围柱子上的雄鹰雕塑，这些鹰都展开翅膀，斜侧着头望向天空，象征着古罗马的骄傲与荣耀。为什么鹰会成为古罗马的图腾呢？那是因为鹰是所有鸟中最具力量、飞得最高的动物，它的强壮与统治力符合古罗马帝国在欧洲的地位。

众神之王朱庇特的传令鸟

朱庇特是罗马神话中统领神域和凡间的众神之王，古老的天空神及光明、法律之神，也是罗马十二主神之首。他以雷电为武器，维持着天地间的秩序，鹰则是他的传令鸟，负责为朱庇特向凡间传递命令。

中国文化中的龙，在我们的脑海中似乎总难构建出具体的形象，对于大多数人而言，它只存在于我们的想象中。那么在历史中，有没有关于龙的具体形象留存下来呢？

我们走进陕西历史博物馆，就会看到一件秦朝时期的青铜雕塑，它体型庞大，蜿蜒的身体像蟒蛇，长满鳞片，头却似鳄鱼，给人一种气宇轩昂的感觉。没错，这就是秦朝时期的龙。这时的龙还没有长出像鹿一样的犄角，也没有长出鹰爪般的脚。

中国文化中的龙一直在变化，从秦朝到唐朝，龙的形象也从崇尚力量、威武庄严，变化成雍容华贵、矫健飞腾的样貌，彰显着大国的文化自信。

龙图腾最早是什么时候出现的？

龙图腾的起源可以追溯到上古伏羲时代。史书记载，华夏始祖伏羲曾在黄河一带目睹了一只龙首马身的异兽，有感而发，于是发明了八卦，并且从此以龙作为部落标记，号称龙师。

在罗马，有一件和秦朝青铜龙雕塑同一时代的雕塑，那就是母狼雕塑。古罗马在刚诞生的时候并不崇拜鹰，而是崇拜这只狼。这尊雕塑是意大利的国宝，它讲述了罗马建城的故事。传说这两个狼孩本来是特洛伊人的后裔，阿尔巴王国的继承人，却在出生后不久就被篡权者扔进了台伯河里，幸而被这只母狼救起，并且哺育了他们。兄弟俩长大后夺回王权，并在台伯河边创建了现在的罗马城。虽然这个故事只是个传说，但罗马人至今依然亲切地称它为狼妈妈。

精致的艺术品——母狼雕像

人们为了表达对古罗马历史的深厚感情，在公元前6世纪做了一尊青铜母狼像。到了公元16世纪，人们又做了两个正在吮奶的婴儿的雕像放在母狼的腹下。艺术家赋予这只母狼更多的人情味和母爱的天性。这不仅是一个具有民族历史意味的纪念雕塑，也是一件珍贵的古代艺术杰作。

很多人并不知道，中国龙文化在发展过程中，曾受到来自印度龙王信仰的冲击。但中国人并没有将其拒之门外，而是以包容的态度对其进行改造，形成了中国化的龙王，丰富了中国龙文化的内涵。

观察各个历史时期不同的龙形象，从无角到有角，从无翼到有翼，从无足到有足，可以看出龙形象是在兼收并蓄、不断创新中形成的。这体现了中华民族开拓进取、务实创新的精神。其实，我们从龙的演变中，可以清晰地看到中华民族的发展和奋斗历程。龙虽然是上古黄帝时期创造出来的虚构形象，但随着朝代的更迭，历史的发展，它也被不断地赋予各种神力，寄予各种希望，它见证和激励着中华民族，一步步走向富强的伟大历程。

龙的形象为什么集合了多种动物？

《史记》中记载，黄帝在打败炎帝和蚩尤后，巡阅四方，不仅统一了各部军令的符信，确立了政治上的结盟，还从原来各部落的图腾身上各取一部分元素组合起来，创造了新的动物形象——龙。

古罗马图腾文化和中国龙文化的一脉相承并不相同，他们经历了从狼到鹰的转化。狼对古罗马的建国有着特殊的意义，但在建国后却将鹰作为帝国图腾的代表。这是为什么呢？我们或许可以从两者的对比中找到答案。

古罗马弱小的时候需要狼的庇护，但喝着狼奶长大的孩子充满血性，拥有了征服天下的野心；而鹰是天空之王，拥有更为广阔的视野和更为强大的力量，它更符合古罗马帝国成长起来后的雄心。因此，在公元前102年，古罗马帝国最终将鹰定为图腾，并且将鹰指定为古罗马军团的象征。自此，鹰旗伴随着古罗马帝国征服了半个地球。

鹰旗后来还有吗？

古罗马灭亡后，鹰旗也被各个国家重新赋予寓意。欧洲各个国王为了宣扬自己血统纯正，将古罗马帝国的鹰徽引入到自己的徽章里。通过这种方式，很多家族或者国家徽章中都出现了鹰的形象。

天人合一
——有趣的历法系统

中国人自古重视天人合一的理念，强调宇宙、自然和人生的和谐统一，于是充满智慧的古人发明了历法系统。所谓历法，是指根据天象变化的自然规律，计量较长的时间间隔，判断气候的变化，预示季节来临的法则。总结来说历法共有三种，分别是阳历、阴历和阴阳合历。

中国传统的历法系统与现在世界上通用的公历（阳历）不同，它是阴阳合历，也就是我们通常称为农历的历法。农历是在夏历（阴历）的基础上融合阳历从而形成的一种历法，其基础历法规则经历多代逐渐完善形成，其形式一直延续至今。

夏历可以预测潮汐?

潮汐是沿海地区的一种自然现象，它的发生和太阳、月球的引力有关系。中国的夏历是一种阴历，阴历是以月相变化为依据的历法，同时潮汐现象又是月亮在起主导作用。因此，夏历每月的初一和十五就是发生潮汐的时间点。

目前世界上通用的公历从古罗马的历法系统演变而来。在古罗马时代，人们通过观察太阳和地球的运行规律发明了阳历。阳历在古罗马时代被称作儒略历，说起儒略历可有一段有趣的历史。

在古罗马执政官儒略·恺撒执政期间，由于当时的消息传播方式并不发达，远离城邦居住的居民甚至有时不能了解到神官发布的闰年通告，经常会导致许多人对这天的日期一无所知，影响恺撒执政的权威。他为了解决这个问题，找到数学家兼天文学家索西琴尼帮助制定新历法，并在公元前45年1月1日颁布了一条政令，将古罗马的历法统一为阳历，于是人们就将这一历法称为儒略历。

儒略历为什么是阳历？

因为儒略历以回归年为基本单位，所以是一部纯粹的阳历。它将全年分设为12个月，单数月是大月，长31日，双数月是小月，长30日，只有2月平年是29日，闰年30日。每年设365日，每四年一闰，闰年366日，每年平均长度是365.25日。

在中国传统的农历，也就是阴阳合历中，最有特色的要数二十四节气了。古人将地球绕太阳公转一周的运动轨迹划分为24等份，每运动15°就定一个节气，然后根据节气内相应的气候和物候变化指导农耕。对于我们这个农耕民族来说，二十四节气绝对是一项伟大的发明。

二十四节气是上古农耕文明的产物，农耕生产与大自然的节律息息相关，它是上古先民顺应农时，通过观察天体运行和自然变化规律所形成的知识体系。事实上，二十四节气不仅在农业生产方面起着指导作用，同时还影响着古人的衣食住行，甚至是文化观念。它是中华民族悠久历史文化的重要组成部分，表达了人与自然、宇宙之间独特的时间观念，蕴含着中华民族悠久的文化内涵和历史积淀。

二十四节气歌

立春梅花分外艳，雨水红杏花开鲜；惊蛰芦林闻雷报，春分蝴蝶舞花间。清明风筝放断线，谷雨嫩茶翡翠连；立夏桑果像樱桃，小满养蚕又种田。芒种育秧庭前，夏至稻花如白练；小暑风催早豆熟，大暑池畔赏莲。立秋知了催人眠，处暑葵花笑开颜；白露燕归又来雁，秋分丹桂香满园。寒露菜苗田间绿，霜降芦花飘满天；立冬报喜献三瑞，小雪鹅毛片片飞。大雪寒梅迎风狂，冬至瑞雪兆丰年；小寒游子思乡归，大寒岁底庆团圆。

中国的农历属于农耕文明的历法，而古罗马则属于海洋文明，它的历法不同于二十四节气的复杂，力求简单实用。最早的时候，古罗马历全年只有10个月，有的历月30天，有的历月29天（这十分类似太阴历），还有七十几天是年末休息日。

古罗马从第一个国王罗慕路斯时期到第二个国王努马时期，参照希腊历法进行了改革，增加了第十一月和第十二月，同时调整各月的天数，历年为355天，比回归年少10多天，这实际上是不准确的。直到儒略·恺撒时期，古罗马才制定了更为准确的儒略历，将一年定为365日，每四年一闰，闰年366日。然后再设定一年分为12个月，大月31天，小月30天。

滑稽的闰年计算错误

西方历法从儒略历实施开始，终于走上正轨。滑稽的是，那些颁发历书的祭司们，有本事从乌鸦的争斗预卜吉凶，却把改历命令中的"每隔三年设一闰年"误解为"每三年设一闰年"。这个错误直到公元前9年才由奥古斯都下令改正过来。

历法是一套非常复杂的系统，这不禁让人好奇：古代人在没有现代科学仪器的帮助下，是如何观察出太阳、月亮等天体运行规律和地球自然生态之间的关系的呢？事实上，中国古人早已发明出先进的天体测量仪器，它就是浑仪。

浑仪看似简单，但却相当于一部精密的天文望远镜。它似一个圆球，上面的每一个圆环都可以转动，圆环上标记有精准的经纬度，通过安装在浑仪上的窥管，就可以定位夜空中的任意一个天体。窥管是一根中空的管子，类似于近代的天文望远镜，只是没有镜头。

浑仪的名字是怎么来的？

在古代，"浑"字含有圆球的意思。古人认为天是圆的，形状像蛋壳，出现在天上的星星是镶嵌在蛋壳上的弹丸；地球则是蛋黄，人们在这个蛋黄上测量日月星辰的位置。因此，古人把这种观测天体位置的仪器叫作"浑仪"。

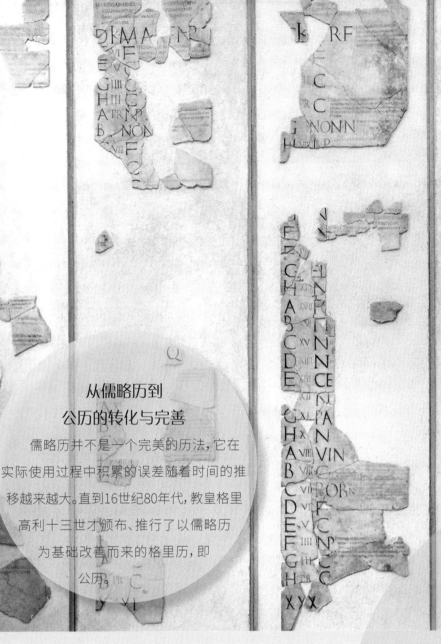

从儒略历到
公历的转化与完善

儒略历并不是一个完美的历法，它在实际使用过程中积累的误差随着时间的推移越来越大。直到16世纪80年代，教皇格里高利十三世才颁布、推行了以儒略历为基础改善而来的格里历，即公历。

　　在罗马的马西莫博物馆里，珍藏着一份儒略历的残片，它被展示在一面刷着米色涂料的墙面上。虽然只是残片，但我们还是可以从中发现一些信息。它是盖维斯·屋大维·奥古斯都留下的，里面记载了某场战争的纪念日和奥古斯都的生日。

　　我们现在生活中所使用的公历，2月份只有28天，这其实跟恺撒的接班人奥古斯都有关。儒略历把一年中的12个月分成大月31天、小月30天，这样一算下来，一年是366

天，多了一天，于是恺撒就从每年处决死刑犯的2月里减去一天。奥古斯都继位后，他的生日在8月，他总觉得只有30天的"小月"和他"大帝"的身份不符，于是又从2月拿走了一天放在8月，结果就形成了我们今天只剩下可怜的28天的2月。

一张纸的西游记
——长安纸贵,还是罗马羊皮纸贵

　　漫步在西安的书院门古文化街上,会发现两边的店铺在卖着各种各样的宣纸。据说在唐朝,每当科举考试之前,长安的纸就会涨价,因为从全国各地到此赴考的考生都需要买纸、抄书、备考。这说明纸在当时就已经普及了。

　　中国唐朝的政治、经济、文化都空前繁荣,造纸业也进入一个昌盛时期,纸的品种不断增加。造纸原料则以树皮使用最广,主要是楮皮、桑皮,也有用沉香皮及栈香树皮的记载。藤纤维也广为使用。晚唐时期,由于野藤大量被砍伐,原料供不应求,藤纸一蹶不振,到明代就消失了。

宣纸是怎样诞生的?

　　蔡伦的徒弟孔丹,在皖南以造纸为业,他一直想制造一种特别理想的白纸,用来为师父画像修谱。一次,他在山里偶然看到有些檀树倒在山涧旁边,因年深日久,被水侵蚀得腐烂发白。他突然意识到用这种树皮或许可以造出宣纸,经过反复的实验终于获得了成功。

当唐朝书生在宣纸上写着毛笔字的时候，同一时期生活在罗马城市里的人们却只能用羊皮作为书写材料。当时的人们用鹅毛笔抄写一份《圣经》要用掉大约300张羊皮，昂贵的书写材料使知识成为奢侈品，所以当时生活在罗马城里的人们大多数都是文盲。

羊皮纸的原材料不像宣纸那样容易获取。正因为原材料的不同，以及更为复杂的制造工艺，导致羊皮纸稀缺，且价格高昂。在制作工艺上，要先将羊皮经石灰水浸泡，脱去羊毛，两面刮薄、拉伸，再进行干燥、打磨处理，才能形成可用于书写的羊皮纸。

羊皮纸就是羊的皮吗?

羊皮纸并不仅由小羊皮做成，有时也用小牛皮来做，因为小牛皮的质地和羊皮近似，经过加工后，能有很好的书写效果。

纸并不是唐朝时期的产物，最早可追溯到公元105年的东汉时期。在朝廷做官的蔡伦，经过长期的实验，改进了造纸的方法。他用树皮、破布、破鱼网等多种植物纤维作原料，加水蒸煮，捣烂成浆，再均匀地摊在细帘子上晾干，制成了一种薄薄的纸。这种纸便于书写，又很便宜，质量也有所提高，受到了人们的欢迎，之后便普及开来。可以说，蔡伦在造纸术方面的贡献是巨大的。

东汉以后，造纸技术得到不断的改进，竹子、稻草、甘蔗渣等都逐渐成为造纸原料。因为原料不同，纸也有了各种不同的种类和用途。安徽省宣州生产的宣纸，就是闻名中外的上等纸张，是用于中国书法、绘画的珍品。

游玩中产生了造纸的灵感

据说有一天，蔡伦带着几名小太监出城游玩，他见到溪水中枯枝上挂浮着一层薄薄的白色絮状物，突然联想到工场里制作丝绵时残絮交织成的薄片，揭下来写字十分方便。于是他想到用树皮等材料替代丝绵，改进了造纸术。

中国的造纸术传入罗马已经是12世纪的事，经由阿拉伯传入意大利境内。那时，意大利一直在用阿拉伯人输入的纸，直到1268年才在布里亚诺建立第一座造纸厂。自此，廉价的纸在罗马城迅速取代了昂贵的莎草纸和羊皮纸，普通大众也用得起，方便了知识的传播。

文艺复兴大师达·芬奇从小就能用纸练习素描，并且在纸上随时记录各种发明和创造的灵感，这些设计手稿保存至今。所以有人说是造纸术促成了欧洲的文艺复兴，点亮了西方文明。

达·芬奇手稿

法国向中国偷师学艺

文艺复兴时期，欧洲纸张一直存在质量低劣的问题，法国财政大臣杜尔阁曾希望利用驻北京的耶稣会教士刺探中国的造纸技术。乾隆年间，供职于清廷的法国画师、耶稣会教士蒋友仁将中国的造纸技术画成图寄回了巴黎，中国先进的造纸技术才在欧洲广泛传播开来。

诗情长安画意罗马

——诗境里的长安，故事里的罗马

大唐盛世下的长安，是一首意境深远的诗。它大气恢宏、雍容儒雅、意蕴缠绵。提到长安，就和诗脱离不开，李白留下过"长安一片月，万户捣衣声"，杜甫留下过"李白斗酒诗百篇，长安市上酒家眠"，杜牧留下过"长安回望绣成堆，山顶千门次第开"，等等。诗句意蕴悠长，常常能给人营造一种美好的境界。

中国的诗以意境取胜，判断一首诗的好与坏，往往先要去体会这首诗的意境如何。盛唐时期的诗，善用短句营造意境，一字一句皆有含义，吟诵起来也朗朗上口。在中国人的观点中，诗是心灵的载体，是表达人类精神的高雅手段，是孩子们从小就要经历的审美熏陶。

古人读诗的时候为什么喜欢晃脑袋？

古人读诗叫吟诵，也就是大声的朗读出来，讲究抑扬顿挫。在这个时候，配上晃头晃脑的肢体动作，有助于断句和加深记忆。

埃纽斯 马赛克镶嵌画

与中国诗善用短句营造意境不同，古罗马人更擅长写长诗，用诗歌的载体来叙事，记录历史。谈到古罗马诗歌，不能避开的一个人是埃纽斯，他被誉为"古罗马文学之父"。他的史诗《编年史》就是一部追溯古罗马历史的叙事长诗，内容从埃涅阿斯的经历写起，止于作者生活年代的战争，洋洋18卷篇幅。不过大部分已经散佚，仅剩不到600行诗歌传世。

在"古罗马文学之父"埃纽斯的影响下，出现了一批对古罗马诗歌产生深远影响的诗人，他们有卢克莱修、维吉尔、贺拉斯和奥维德等人。其中，卢克莱修起到了承上启下的作用，他上承埃纽斯，下接维吉尔，是古罗马诗歌史上的重要人物。卢克莱修生于古罗马末期，擅长写哲理诗，被认为是古罗马文学史上著名的智者。他的著名长诗《物性论》，就是一首表达凡人不必惧怕死亡的哲理诗。

伟大的城市孕育伟大的诗人，在盛唐的长安，最著名的诗人莫过于李白了，"俱怀逸兴壮思飞，欲上青天览明月""黄河落天走东海，万里写入胸怀间"等诗句可谓豪迈奔放、想象丰富、大气壮美。正因为如此，后世的人们尊称李白为"诗仙"，将他比喻为诗中之仙人。

李白的诗具有强烈的浪漫主义色彩，关于这一点，我们可以从一个故事中略知一二。长安城内有一座沉香亭，这里发生过一段流传千古的爱情故事。风流天子唐明皇专门为绝代佳人杨贵妃修建了这座亭子，这里有盛放的牡丹，而牡丹则见证了他们两人的爱情过往。李白来到沉香亭，看到被爱情滋润过的牡丹，写下了著名的诗句"云想衣裳花想容，春风拂槛露华浓"，诗句极致浪漫且富有想象力，信马游缰，像在天空中遨游。

李青莲

李白字太白母梦长庚星因名
白生蜀之青莲乡贺知章见其
文叹曰子谪仙人也言于帝诏供
奉翰林帝当坐沉香亭意有
所感欲得白为乐章时白己醉
以水頬面稍解立成清平调三
篇太真笑领歌意会白醉使
高力士脱靴力士素贵耻之摘
其语以激太真帝欲官白宫中
辄沮之白遂放纵放日沉饮弄月
采石江而卒

中国有"诗仙"李白，古罗马则有诗歌的开拓者维吉尔。维吉尔生活在古罗马文明的末尾、欧洲基督教文明的起始阶段。复杂多变的历史阶段往往会诞生伟大的人物，维吉尔正是如此。他上承埃纽斯、卢克莱修，向下则开创了一种新型的史诗。在他手里，古罗马史诗脱离了在宫廷或民间集会上说唱的口头文学，转向了更为成熟的诗歌体系。

维吉尔的诗歌具有历史感和思想的成熟性，这在他的伟大史诗《埃涅阿斯纪》中有明显体现。维吉尔用十年时间创作了这部记录古罗马建国史的叙述长诗，而这部史诗则对后世的诗歌、小说等文学产生了深远的影响。可以说，维吉尔给诗歌注入了新的内容，赋予了诗歌新的风格，并将古罗马的诗歌文化介绍给了全世界。

维吉尔 像

容易害羞的维吉尔

维吉尔的诗歌和思想虽然深刻地影响了古罗马，但他本人却很羞涩、不喜交际。维吉尔每次走进罗马城，一旦有人认出他来，他就会快速地避开人群，减少交谈。他并不因自己的名气而享受他人夸赞的语言和崇拜的目光。

如果说"诗仙"李白是诗中之仙人，那么"诗圣"杜甫就是诗中之圣人。和李白一样，杜甫也是唐朝时期的伟大诗人，但与李白充满浪漫主义色彩的诗不同，杜甫的诗更关心现实人生，他是一位伟大的现实主义诗人。

杜甫身处唐朝变乱的年代，安史之乱使国家动乱不宁，加上杜甫一生仕途坎坷，才造成了他独具一格的诗歌风格。"国破山河在，城春草木深""安得广厦千万间，大庇天下寒士俱欢颜"等诗句沉重而又充满对家国的关怀，让人读后不能不被杜甫真挚的情感所打动，而产生为国家、为民族奉献自我的精神。

杜甫一生笔耕不辍，共有约1500首诗流传下来，大多收录在《杜工部集》中。他死后虽然被人们封为"诗圣"，但生前名声并不显赫。

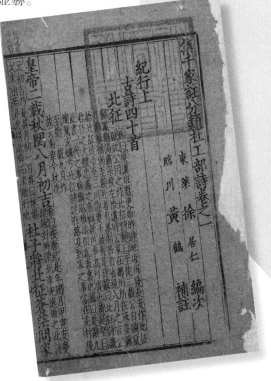

"李杜"相识

杜甫与李白有着深厚的友谊，虽然李白年长杜甫十一岁，但两人却有着相同的人生理想。他俩曾先后三次相约，访仙求道，阔论古今，结下了"醉眠秋共被，携手日同行"的友谊。

　　中国诗人有"李杜"这样的友谊佳话，古罗马也有但丁和维吉尔这样的文学神交。但丁是中世纪的诗人，距离维吉尔的时代约有1200年，但他通过阅读维吉尔的著作，从中吸取了非常多的养料，以至于但丁在他的名著《神曲》中，将维吉尔视为他的老师和带路人。

　　《神曲》是但丁所有创作中分量最重的著作，这部史诗肯定了现实生活的意义，给中古文化做了艺术性的总结，并提出人"生来不是为了像野兽一般活着，而是为了追求美德和知识"。

　　但丁的诗歌文学对整个欧洲的影响是巨大的，我们可以从恩格斯对他的评价中得知一二。恩格斯说："这位人物就是但丁，他是中世纪的最后一位诗人，同时又是新时代的最初一位诗人。"但丁上承中世纪，下启文艺复兴，他用充满哲思的诗句，引领一代又一代的人们走向精神的富足。

但丁像

爱好读书的但丁

　　但丁一生酷爱阅读，尤其潜心研究哲学。他只挑历史上最有分量的书籍阅读，如西塞罗的《论友谊》《圣经》、贺拉斯的《诗艺》，等等。正是这些经典的著作，使得但丁写出来的诗歌，拥有永恒的价值。

罗马
CHANG'AN
MEETS
ROME

谁在书写历史
——史学家的历史责任感

中华民族五千年历史延绵而不间断的秘密是什么？答案就是史官。正是因为史学家们用智慧的眼、明晰的笔将历史客观、公正地记录下来，才有了我们今天的民族文化。

中国自从发明了文字，也就开启了书写历史。据说，仓颉之所以发明文字，就是为了记录历史。他也因此成为中国历史上的第一位史官。仓颉生活在轩辕黄帝时代，他见鸟兽的足迹而受到启发，发明了汉字。仓颉被黄帝任命为左史官，也就是记录历史的官员。

史官是一个神圣的官职。春秋时期，齐国有两位史官因为拒绝篡改历史，被篡权的暴君杀害，用生命捍卫了历史的尊严。正是有这些以记录历史为使命的人物，才有了我们今天的中国文化。

仓颉像

董狐直笔

春秋时期，晋灵公十分残暴，相国赵盾劝他改变作风。晋灵公一气之下竟想杀了赵盾，赵盾因此出逃。后来晋灵公被赵穿杀死，史官董狐却在史书上写赵盾杀了晋灵公。赵盾不服找史官理论，董狐说："你身为相国，国君被杀，你不讨贼，你就是主谋。"赵盾弟子怒，斥责董狐"晋灵公快把国家搞黄了，我们为什么忠诚于他？"董狐严肃地说：我是史官，秉笔直书！"

古罗马虽然像中国一样拥有悠久的历史，但他们并没有官方修史这一传统，也没有史官这一职位。古罗马的政治系统并不在意记录历史的重要性。因此在古罗马帝国进入末期，转入欧洲基督教文明时期，古罗马的国家概念也一并消失在欧洲大地上。这就是为什么，我们身处当下的时代提起古罗马，已经成为遥远的"天边记忆"。

古罗马在公元1世纪达到顶峰，扩张成横跨欧洲、亚洲、非洲，称霸地中海的庞大罗马帝国。到了公元395年，古罗马帝国分裂成为东西两部分。西罗马帝国于公元476年灭亡，而东罗马帝国（即拜占庭帝国）则在公元1453年被奥斯曼帝国所灭。

为什么古罗马帝国灭亡后就彻底消失了？

如果一个国家的土地被侵占了，是可以再复国的；但如果一个国家的历史文化没有得到传承，一旦土地被侵占，国家的概念也就彻底消失了。

中国最著名的史官之一是西汉时期的司马迁，他经过十余年的勤苦创作，完成了中国历史上第一部纪传体通史《史记》，内容记载了中国从上古时期到汉武帝初年长达3000多年的历史，堪称"史家之绝唱，无韵之离骚"。

《史记》不仅规模巨大，体系完备，而且对此后的纪传体史书影响深远，历朝历代的正史皆采用这种体裁撰写。

司马迁的父亲司马谈是西汉时期的太史令，负责史书的编写工作。在他的父亲离世后，司马迁继承了父志，开始创作《史记》。而他之所以能创作出这样一部伟大的著作，与他治学的经历是分不开的。司马迁的青少年是在家乡度过的，10岁开始读古书，很享受刻苦学习的过程。成年后曾游历名山大川，了解了各地的风俗人情。正因为他有着如此丰富的学识和经历，后来才创作出名垂青史的伟大著作《史记》。

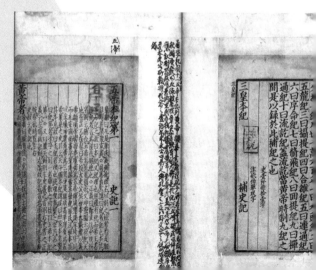

古罗马帝国虽然没有史官这一职位，但幸运的是，他们有立志记录国家历史的文人，这个人就是提图斯·李维。李维出生于意大利的帕多瓦，后移居罗马城。李维青少年时期受到了良好的传统教育，尤其喜爱文学、史学、修辞学和演说术。经过努力刻苦的学习，他成为古罗马学问渊博的博物学家，受人尊敬。

这一时期古罗马的执政官是屋大维，他与李维交往甚密。屋大维为了彰显自己的政绩，找到李维，请他撰写古罗马的历史，于是有了《罗马自建成以来的历史》这本巨著。李维从古罗马诞生以来写起，记录了自传说中的埃涅阿斯到古罗马公元前9年的历史。书中充满爱国思想、道德说教、复古主张和对共和制的赞赏。从创作角度看，这本史书充满了个性色彩，对细节的描写富于戏剧性，被称为史诗般的历史。

提图斯·李维 像

TITVS LIVIVS

写一本史书用了40年时间?

李维为了创作巨著《罗马自建成以来的历史》，前后共花了40年的时间，期间几经磨难，才将全书完成。全书共有142卷，歌颂了古罗马的伟大和祖先的业绩。

每一位伟大的史学家，每一部伟大的史学著作，都需要呈现在纸质的书籍中，才能经历几千年的时间被传承下来。我们参观陕西省图书馆，会看到许多珍贵的史书古籍。这座创建于1909年的省级公共图书馆，里面珍藏着中文线装古籍近40万册，包括宋元明时期的原始刻本等许多国内罕见的珍本。

陕西省图书馆每年都会组织专业人员定期修复古籍。这是一份需要耐心的工作，工作人员需要小心翼翼地对古籍的细节进行补充、修缮，通常一坐就是一天。正是因为有着强大的国力支持，图书馆的努力经营，工作人员的耐心对待，才将珍贵古籍完美地保存下来，成为中国历史文化的见证。我们中国人习惯把历史当作一面镜子，以史为鉴，从前人成败的经验中汲取智慧，取其精华，去其糟粕。

我们为什么要多逛图书馆？

珍贵的古籍是有生命力的，我们只有参观图书馆，看到一本本保护在玻璃罩内的古籍，才能切实地感受到历史文化带给我们的震撼，加深我们对历史文化的认识，增强我们对历史文化的崇敬感。

在罗马城最安静的角落里，矗立着一座全世界最古老的公共图书馆，它是安吉莉卡图书馆。安吉莉卡图书馆由奥古斯丁修会主教安吉洛·罗卡于1604年创办，靠着主教本人及奥古斯丁修会成员不断地捐赠书籍，逐渐拥有了惊人的体量。

这座已经有400多岁的图书馆是欧洲历史上的第一个公共图书馆，这里是历史研究者的圣地，馆藏着超过10万册的古籍。古罗马的辉煌历史，就隐藏在这片珍贵的古籍之中。如果我们耐心地寻找，就会发现提图斯·李维的巨著《罗马自建成以来的历史》就在某一个书架上。翻开泛黄的书页，上面密密麻麻的文字记录了古罗马的悠久历史，结构虽然不那么系统，但文字鲜活生动，趣味盎然。

《罗马自建成以来的历史》

这本书是一部宏大的通史性著作，内容主要按照年代的发展顺序记述。李维在关注历史纵向发展的同时，也注重历史事件的叙事方式，因此这本书阅读起来像读小说故事一样轻松愉快。

盘古

人类的童年
——走进神话世界

在漫长的史前时代，几乎每个古老的文明都为了解释这个未知的宇宙和寻找自己的来处，创造了一个神的世界。中国最早的创世神话可以追溯到盘古开天辟地。

相传天和地还没有分开的时候，宇宙一片混沌，盘古在混沌之中一直睡了18000年。有一天，盘古突然醒来，他见周围漆黑一片，便抡起大斧将宇宙劈开，轻而清的东西缓缓上升，变成了天；重而浊的东西慢慢下降，变成了地。盘古最后累得倒下去，身体也发生了巨变，他呼出的气息，变成了四季的风和飘动的云；他发出的声音，化作了隆隆的雷声；他的双眼变成了太阳和月亮；他的四肢变成了大地上的东西南北四极；他的肌肤变成了辽阔的大地；他的血液变成了奔流不息的江河；他的汗水变成了滋润万物的雨露……世界在这其中形成了。

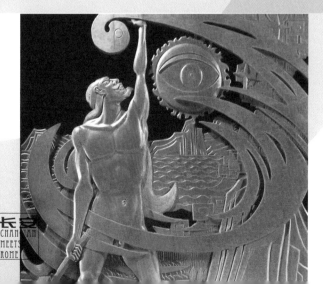

历史上真有盘古这位神吗？

据现代科学考证，盘古时期人类的先祖已经存在，开天辟地只是古人对天地起源的一种大胆猜想。这体现出中华民族向往光明，为造福人类社会无私奉献的伟大精神。

古罗马的神源自古希腊，神王宙斯在罗马叫朱庇特，海神波塞冬摇身变成了许愿池中的尼普顿，象征着力量与权力的阿瑞斯变成了罗马人最崇拜的战神玛尔斯，等等。几乎在希腊神话中拥有地位的神，在罗马神话中都能找到对应的新神。

但是，罗马神话与希腊神话又有鲜明的差别，罗马神话没有像希腊神话中那样神与神之间斗争的传说。罗马神话不是故事，而是神与神，以及神与人之间错综复杂的关系。后世的一些古罗马作家，例如奥维德在写作《变形记》时，受到希腊神话的影响很深，他们经常引用希腊神话来填补罗马神话中的空缺。

众神之王朱庇特

朱庇特统领神域和凡间，是古老的天空神以及光明、法律之神。他拥有一个庞大的寺庙，位于卡皮托尔山，建筑极其宏伟、庄严。古时候，朱庇特被尊称为拉丁联盟的佑护神。

罗马
CHANG'AN
MEETS
ROME

中国的神话系统特别庞大，在这个系统里，最美的神往往拥有着崇高的道德和完美的德行。如果我们从中挑选出一位最有名的女神，那一定是女娲。在西安城东的骊山上有一座华清宫老母殿，里面供奉着女娲的神像，真可谓宝相庄严，慈祥威严。

传说女娲拥有着绝美的容貌，但与她的事功相比，容貌则不值一提了。女娲做了两件大事，第一件大事是炼五彩石以补苍天。相传远古时代九州大地裂毁，大火蔓延不熄，洪水泛滥不止。女娲不忍世界受灾，于是炼出五彩石补好天空，平息了灾难。第二件大事是创造了人类，因此人们亲切地尊称女娲为老母，将其供奉在老母殿中。

女娲捏泥造人

根据上古神话的描述，女娲刚开始用黄土捏人，但因为速度太慢，便使用柳条甩泥土的方式造出大量的人。她先前用黄土捏出的人成了达官贵族；后来用泥土造出的人则成了平民百姓。

罗马神话中最美的神，你能猜到是谁吗？她就是爱与美的女神维纳斯。著名的断臂维纳斯雕像，展现的就是女神维纳斯的外形。女神维纳斯拥有完美的容貌，却有着不幸的命运。神王朱庇特将她嫁给了最丑的火神伏尔甘，因此维纳斯经常背叛丈夫。她在寻找情人阿多尼斯的路上被刺破了脚，鲜血所滴之处，长出了象征爱情的红玫瑰。女神维纳斯是如此多情，传说古罗马的先祖埃涅阿斯，是她和特洛伊王室所生的儿子。所以维纳斯也可以说是古罗马人的母亲。

从女神维纳斯的故事里，我们会发现西方神话里的神，特别注重外形的俊美。他们除了具有神力，性情几乎和人类一样，拥有七情六欲，爱恨情仇。他们虽然是神，但就像一个真实的人，从来不修饰自己的品格，有优点也有缺点，和普通人无异。

维纳斯雕像为什么是断臂的？

维纳斯雕像最初被希腊米洛的农民发现，出土时的维纳斯右臂下垂，手扶衣衫，左上臂伸过头，握着一只苹果。但农民却将雕像同时卖给了法国人和希腊人，双方为了争夺雕像大打出手，混战中雕像的双臂不幸被砸断。从此，维纳斯雕像就成了断臂的形象。

罗马
CHANG'AN
MEETS
ROME

我们从东西方两位最美女神的对比中不难发现，中国的神和古罗马的神有着迥异的内涵。中国的神更注重道德，而古罗马的神更强调人性的本质欲望。我们翻开中国的上古神话，一个圣贤的世界扑面而来。后羿为了解决大地上出现的旱灾，张弓搭箭，将天空上多出来的九个太阳射下来，解决了人间的疾苦；神农不惧怕中毒，遍尝百草，治疗了人类的各种疾病，等等。这些神话都有一个共同点，即强调奉献和牺牲精神，充满了神性的光辉。

中国历史中很多道德高尚的人都被中国人像神明一样崇拜，比如关羽死后逐渐被神化，被人们尊称为"关公"；老子仙逝后被神化为太上老君等等。可以说，中国神话中的神，几乎没有人性的缺点，是人心向善的榜样、完美人格的呈现。

关公是什么神?

传说关公生前武艺高强，为人正义，同时特别善于理财，长于会计业务。曾设笔记法，发明日清簿，这种计算方法设有原、收、出、存四项，非常详明清楚。后世商人公认关羽为会计专才，人们为了纪念他，将其奉为武财神。

与中国神话里的神是完美人格的化身不同，古罗马的神几乎都会有人性的弱点，连统治宇宙的神王朱庇特也经常犯错。他经常因为自己的原始欲望和不同女人生下许多子女，这些子女有些成为神，有些则成为罗马英雄。朱庇特以雷电为武器，维持着天地间的秩序，公牛和鹰是他的标志。

这就是西方神话的特点，神人同性，在人身上存在各种优缺点，在神的身上一样存在，甚至是放大版的。这些神的故事，就像人被放到显微镜下无限放大，剖析着人性的美丑善恶，让人类感同身受。

有着神性的人，有着人性的神，东西方以不同的思维方式，创造了丰富多彩的神话世界，为人类的童年涂抹最生动的色彩。

小爱神丘比特的雕塑

在罗马维纳斯神殿里，保存有少量的雕塑，里面有女神维纳斯和战神玛尔斯的儿子——被封为小爱神的丘比特。雕塑上清晰地展现了两个小爱神割开两头公牛的喉咙，用鲜血为女神维纳斯庆祝的动作，寓意着古罗马帝国的子孙昌盛。

双城故事

——不同的城市，相同的胸怀

城市这个由人组成的聚落，是文明诞生的重要标志。长安与罗马作为东西方文明载体的代表，曾经是地球两端最大的两座城市，人口都有百万之众。是什么样的魔力，让这两座城市吸引到世界各地的人们呢？我们一起来探索一下吧。

盛唐时期，长安是东西方商业、文化的汇集地，是当时世界上最大的国际大都会。当时的长安人口中，除居民、皇族、达官贵人、兵士、奴仆杂役、佛道僧尼、少数民族外，外国的商人、使者、留学生、留学僧等总数不下3万人。当时来长安与唐朝通使的国家、地区多达300个，使唐朝的人文文化、政治制度、饮食风尚等从长安传播至世界各地。这就是长安的开放、包容，是真正和合包容的代表。

唐朝时期的长安到底有多大？

唐朝长安城的周长达到35.56公里，面积约为87.27平方公里，相当于明清时期北京城的1.4倍，公元447年所修君士坦丁堡的7倍，公元800年所修巴格达的6.2倍，古代罗马城的7倍。

罗马和长安一样，以包容、开放作为城市的核心文化。如果我们回到2000多年前的罗马街道上游历，会发现生活在这座城市里的人，绝大多数不是罗马本地人，他们之中有埃及人、犹太人、西班牙人，甚至是非洲人。这些人的身份也各不相同，有些是城市里各行各业的商人，有些是来罗马淘金讨生活的"罗马移民"，有些是奴隶、战俘。在这里，你可以看到一个包罗万象的罗马。

古罗马是个既残酷，又吸引人的地方。虽然被他们征服的民族免不了被奴役的命运，但他们尊重并允许对方保留自己的宗教和文化，而且有很多政策，鼓励外来人通过自身的努力，获得罗马公民的资格，享受跟罗马人一样的优越待遇。所以无论是何种阶层的人，来到罗马后便不愿离开，他们可以通过自己的努力，享受这里的富足与文明。

古罗马的民族大融合

古罗马人用武力征服了欧洲，然后用制度把欧洲各民族融合在了一起，成为一个国家。古罗马人这种融和或同化其他不同民族的能力，使罗马成为欧洲政治、经济、军事以及文化的中心。

罗马
CHANG'AN MEETS ROME

西安碑林博物馆中收藏着一块刻满了文字的石碑，即大名鼎鼎的《大秦景教流行中国碑》，里面记录了盛唐兼容并蓄的宗教政策。

大秦是指古罗马和近东地区，景教是指基督教的聂斯托利派。碑文记载了公元635年，大秦国主教阿罗本来长安时，唐太宗派宰相房玄龄亲自列仪仗到西郊迎接。开放的唐太宗李世民不仅亲自接见了阿罗本，还特许他在长安城内建立大秦寺，讲经传教。这里的大秦寺就是西方基督教的教堂。

同时碑文上还记载了唐玄宗时期，大名鼎鼎的高力士把五位皇帝画像放在大秦寺里安置的事。这是东西方两大文明在唐朝的一次伟大碰撞，就这样，基督教聂斯托利派在长安盛行了100多年。这段历史让我们真切地感受到盛唐长安宏伟的包容胸怀。

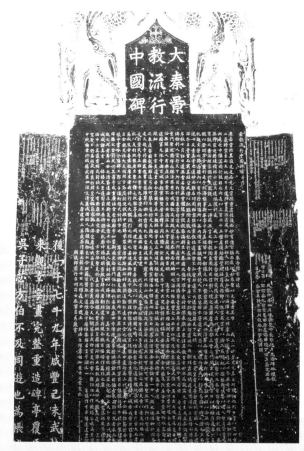

长安有石碑记事，罗马则有墓碑讲述着历史。在罗马的戴克里先博物馆里，默默地矗立着众多的墓碑，仿佛在述说着2000多年前罗马的历史。古罗马作为西方世界的霸主，在一场场战争中收获的战利品中，除了领土和财富，还有人——成千上万的奴隶。这些奴隶使罗马城内的人口剧增，加快了罗马成为伟大城市的步伐。

在众多的墓碑中，有一个值得注意的奴隶墓碑，上面记载了一个奴隶后来变成自由人的故事。这块墓碑是一块埃及碑，上面雕刻有埃及宗教的图案。因为这个奴隶生前是埃及人，被他的罗马主人从国外带到罗马，后来经过自己的努力，拥有了和罗马人一样的权利，彻底融入了这座充满魅力的城市。这个故事反映了罗马吸纳人才的政策，只要你有能力，罗马就可以成为你的城市。

务实进取的罗马人

古罗马人是一个非常务实的民族，因此他们更注重直接表达个性，而较少或基本不存在理想化的成分。罗马帝国自奥古斯都时开始不断强大和成熟，统一而高效的行政统治使得整个帝国有了将近一个半世纪的稳定与和平时期。

罗马
CHANG'AN
MEETS
ROME

长安城晋昌坊的大慈恩寺内，耸立着一座有1000多年历史的大雁塔，是当年玄奘法师从印度取经回来修建的藏经塔。如果我们要寻找可以代表长安文化的建筑载体，或许大雁塔就是最好的选择之一。

大雁塔是砖仿木结构的四方形楼阁式塔，由塔基、塔身、塔刹三部分组成。全塔通高64.7米，南北长约48.7米，东西长约45.7米，内部用于珍藏释迦牟尼佛像、舍利子、贝叶经（佛经）等文物。相传玄奘最初所规划的佛塔有三十丈高，但唐高宗以工程浩大难以成就，又不愿法师辛劳为由，恩准朝廷资助在寺西院建五层砖塔，后加盖至九层，再后层数和高度又有数次变更，最后固定为如今所看到的七层塔身。

在偌大的长安城里，大雁塔并不是最雄伟的一座建筑，但却是最具文化代表性的建筑。大雁塔是长安包容外来文明的一个外在建筑体现。

提到罗马，人们首先会想到一句谚语——"条条大路通罗马"，这句谚语说明了罗马城市的结构。这里的道路交通以城市为中心，然后像射线一样向四周延伸开来。在罗马古城的中心是罗马广场，位居帕拉蒂诺、卡皮托利诺和埃斯奎利诺三丘之间的谷地，建成以后即为居民往来集会的中心。

在罗马广场西南不远耸立着著名的罗马角斗场，角斗场采取圆形剧场的形式，内部可容5万观众，是古代最宏大的剧场建筑。此外，城中还有数以百计的神庙、剧场、图书馆、体育场、浴场以及规模宏大的引水道，等等。

以罗马广场为中心的建筑群是古罗马文化的缩影，它以自己为中心，海纳百川，将欧洲各民族、文化、财富吸纳进来，杂糅消化，最终成为高度发达的世界文明之都，开出绚烂、充满魅力的文明之花。

七丘之城里的雄狮

罗马古城包括帕拉蒂诺、卡皮托利诺、埃斯奎利诺、维米那莱、奎里那莱、西里欧、阿文提诺七个山丘，因此又被称为七丘之城。罗马城墙依山跨河曲折起伏，整体呈不规则状，像一只雄狮蹲伏在七丘之间。

罗马
CHANG'AN
MEETS
ROME

图书在版编目（CIP）数据

从长安到罗马．文明密码 / 中央广播电视总台，中
国国际电视总公司主编 ；真果果编著． -- 北京 ：海豚
出版社，2021.9
　ISBN 978-7-5110-5723-5

Ⅰ．①从… Ⅱ．①中… ②中… ③真… Ⅲ．①长安（
历史地名）－文化史－青少年读物②古罗马－文化史－青少
年读物 Ⅳ．①K294.11-49②K126-49

中国版本图书馆CIP数据核字（2021）第149636号

出　版　人：王磊

出版统筹：孟科瑜
责任编辑：张国良 韦玮
美术统筹：赵志宏
图片编辑：白云 胡瑞芯
插图提供：央视纪录片栏目组 人民画报社 视觉中国 高朦
图文设计：北京传奇年代教育文化有限公司
品牌推广：韦玮
责任印制：于浩杰 蔡丽
法律顾问：中咨律师事务所 殷斌律师

出　　版：海豚出版社
地　　址：北京市西城区百万庄大街24号 邮编：100037
电　　话：010-68996147（总编室） 010-68325006（销售）
传　　真：010-68996147
印　　刷：北京中科印刷有限公司
开　　本：16开（787mm×1092mm）
印　　张：4
字　　数：35千
版　　次：2021年9月第1版 2021年9月第1次印刷
标准书号：ISBN 978-7-5110-5723-5
定　　价：35.00元